REVOLUÇÃO PAULISTA DE 1932

a história de um combatente

Paulo Cunha Cintra

REVOLUÇÃO PAULISTA DE 1932

a história de um combatente

TRIOM

Centro de Estudos Marina e Martin Harvey
Editorial e Comercial Ltda.
1ª edição
São Paulo 2004

Revolução Paulista de 1932
a história de um Combatente

TRIOM – Centro de Estudo Marina e Martin Harvey
Editorial e Comercial Ltda.
Rua Araçari, 218
01453-020 – São Paulo – SP – Brasil
Tel: 11 3168-8380
e-mail: editora@triom.com.br

Fotos da coleção particular do Autor
Preparação dos originais: Plínio Neves da Cunha Cintra
Revisão: Ruth Cunha Cintra

Dados Internacionais de Catalogação na Publicação (CIP)
(Câmara Brasileira do Livro, SP)

Cintra, Paulo Cunha, 1913-2001.
Revolução Paulista de 1932 : a história de um combatente / Paulo Cunha Cintra. -- São Paulo : TRIOM, 2004.

Bibliografia.
ISBN 85-85464-56-9

1. Brasil - História - Revolução, 1932 2. Brasil - História - Revolução, 1932 - Narrativas pessoais 3. Revolucionários - Brasil - São Paulo (Estado) 4. São Paulo (Estado) - História I. Título.

03-5097 CDD-981.0621

Índices para catálogo sistemático:

1. Revolução de 1932 : Brasil : História 981.0621
2. Revolução Paulista, 1932 : História 981.0621

Aos meus netos

Sumário

Introdução

Guardo em minha memória e em meu coração a lembrança de duas situações em que meu avô se empolgava, com os netos ao seu redor: a primeira quando contava das suas peripécias quando garoto, descrevendo tudo o que aprontava nas cidades do interior por onde passou - relatos cheios de aventura e alegria; a segunda quando falava de sua aventura na Revolução de 32 - relato cheio de emoção, contido, porém pleno de orgulho.

Orgulho de ser Paulista, orgulho que passou para os filhos, netos e netas que o ouviam e o amavam tanto.

Em 1997 telefonei para ele em Nove de Julho, como fazia todos os anos, para dizer que tinha muito orgulho dele e para dar os parabéns, desta vez redobrados, pois a data passara a ser feriado, justa homenagem a todos que haviam lutado pelo ideal Constitucionalista levantado e mantido por São Paulo.

Aproveitei o telefonema para dizer que a partir daquele dia eu seria incansável em insistir que ele escrevesse um livro sobre sua aventura. Ele prometeu que o faria.

O processo se arrastou por alguns anos, tivemos algumas conversas sérias onde ele me descreveu a dificuldade de lidar com as emoções enquanto escrevia o livro, não havia sido fácil para ele, havia sido uma guerra...

Todos sempre o incentivamos muito, até que o livro saiu, pouco antes dele nos deixar aos 89 anos.

Em nome da família deixo registrada a admiração e o orgulho que sempre sentimos dele.

Plínio Neves da Cunha Cintra Filho
Outubro de 2003

Prefácio

Meus netos, nas comemorações de Nove de Julho de 1997, cumprimentaram-me como ex-combatente e pediram-me que lhes escrevesse, com detalhes, o motivo de minha ida para as trincheiras, o que fiz e o que me aconteceu naqueles três meses de luta.

Não me sendo possível recusar tão significativo pedido, resolvi relatar-lhes não só a história do avô como soldado constitucionalista mas também as causas e consequências da Revolução de 1932.

Várias vezes interrompi a narração, propenso a não continuá-la. Considerava-a muito pessoal, inoportuna, com passagens sem grande interesse e, principalmente, por ser a descrição do período mais difícil e angustioso de minha vida.

Recordá-lo, trazia-me grandes tensões e sofrimentos.

A leitura de O *Dom da História*, de Clarissa Pinkola Estés, fez-me, porém, mudar de idéia e ir até o fim da narração iniciada.

Nesse livro, a autora salienta que as histórias mais poderosas e inesquecíveis, que sempre vão passando de um indivíduo para outro, surgem em decorrência de algum sofrimento terrível e às vezes irresistível, de um grupo ou de uma pessoa.

Lembra, também, que qualquer hora, época ou ocasião é o momento exato para se contar histórias de família, de nossa cultura ou de nossa vida pessoal.

Comenta, ainda, que essas histórias, por possuírem instruções ancestrais, podem corrigir erros, ensinar, orientar uma vida, proporcionar abrigo psíquico e transformar mentalidades pelos exemplos e fatos citados.

Meditando sobre estas considerações e aceitando-as, resolvi continuar a escrever, com minúcias como me pediram, o que se passou comigo nos terríveis meses de nossa revolução.

Servirá para saciar-lhes a curiosidade, registrar fatos que mais tarde se apagarão de minha memória e, talvez, trazer-lhes ensinamentos e conselhos para os dias difíceis que possam surgir em suas vidas.

Paulo Cunha Cintra
Outubro de 2000

A Revolução Paulista de 1932

Perguntam-me, sempre que há comentários sobre a Revolução Paulista de 32: foi um movimento separatista? Se não o foi, qual a razão de São Paulo levantar-se unido, homens, mulheres, moços e até crianças, todos com o mesmo entusiasmo e o mesmo espírito de sacrifício, trabalhando na retaguarda, angariando agasalhos e dando ouro para a campanha revolucionária? Como explicar a atitude dos jovens, apresentando-se, espontaneamente, nos quartéis e partindo para a frente de batalha?

A revolução de São Paulo não teve um caráter separatista. Esta idéia foi lançada pelo Governo Ditatorial para indispor os brasileiros dos outros Estados contra São Paulo e justificar o envio de tropas para nos combater.

Quanto às causas da revolução, a união do povo paulista em torno do ideal revolucionário e a juventude trocando as Faculdades, o trabalho e os lares pelas trincheiras, é indispensável que se exponha o que ocorreu em São Paulo depois da Revolução de 30, fonte inicial de nossa reação armada.

Nossa terra foi invadida, ocupada militarmente, oprimida e, para nossa maior humilhação, governada por Interventores Militares, destacados das tropas ditatoriais, estranhos aos nossos meios, vindos de outras regiões do país, norte, nordeste e sul, e aqui colocados para cumprir ordens e satisfazer caprichos do Ditador, nosso maior inimigo.

Para nos inteirarmos dessa gravíssima situação, basta analisar as medidas tomadas ostensivamente contra São Paulo.

As afrontas tiveram início, já em outubro, na passagem das tropas revolucionárias por nossa Capital, rumo ao Rio de Janeiro, quando o Tenente João Alberto Lins de Barros foi nomeado Delegado Militar de São Paulo e, em seguida, confirmado como nosso primeiro Interventor pelo Governo Provisório.

Quais os seus méritos para ocupar o alto posto de Interventor em São Paulo?

Pernambucano, um dos líderes do tenentismo, classificado na *História do Brasil* editada pela Folha de São Paulo, como "plebeu e forasteiro", surgiu no cenário político-militar em 1924, insuflando e deflagrando insurreições nos quartéis do oeste do Rio Grande do Sul.

Derrotado, juntou-se ao tenente Luís Carlos Prestes e depois aos retirantes da Revolução de São Paulo de

1924, em Guaíra, no Paraná.

Colaborou, aí, na formação da Coluna Prestes, comandando, como 'coronel', um de seus três destacamentos: o 'Destacamento João Alberto'. Após dois anos de luta pelo interior nordestino, assaltando cidades e pilhando fazendas e propriedades de governistas (Luís Maria Veiga, *A Coluna Prestes*, pag. 55: "João Alberto tirou da casa de um advogado governista, em Ponto Nacional, os 21 volumes da História Nacional de Cantu."), asilou-se no Paraguai, de onde foi para o Rio Grande do Sul tomar parte na Revolução de 30.

Com estas credenciais, a nomeação do ten. João Alberto para Interventor de São Paulo foi, na realidade, um verdadeiro ultraje ao povo paulista.

Na interventoria demonstrou seu caráter tenentista e autoritário com prisões e perseguições aos políticos do Partido Republicano Paulista, seus principais opositores.

Em princípios de 31, acentuaram-se as atitudes ditatoriais contra São Paulo.

No setor econômico, decretou-se a taxação sobre pés de café, retenção de 20% do café exportado e queima dos estoques restantes.

Na área político-militar, João Alberto funda a Legião Revolucionária e os generais Miguel Costa e Góes Monteiro são colocados, respectivamente, nos comandos da Força Pública e da 2ª Região Militar.

O gen. Miguel Costa, um dos mais atuantes tenentistas, foi organizador e líder da Coluna Prestes e o gen. Góes Monteiro, alagoano, fez toda a sua carreira no Rio Grande do Sul.

Foram eles os chefes militares da Revolução de 30.

Consumou-se, assim, a ocupação militar de São Paulo, com a perda total de nossa liberdade e independência.

Surgiram, então, nossas justas reivindicações: constitucionalização do País e autonomia governamental para São Paulo, como havia sido concedido a Minas Gerais. Olegário Maciel, amigo do Ditador, continuara no Governo do Estado.

Aos estudantes, uniram-se em torno deste ideal políticos, executivos, advogados, médicos, representantes de todas as classe sociais, isto é, o povo em geral.

Foram tomando vulto as reuniões nas Faculdades, as passeatas, comícios, manifestações públicas e aumentando nossa indignação contra as atitudes dos opressores. Estes tornavam-se cada vez mais arrogantes, dispersando-nos com sabres, baionetas e cargas de cavalaria.

Quanto mais nos atacavam, mais crescia nossa revolta, exaltação e coragem.

Em fins de 31 e começo de 32, estávamos sob interventoria do gen. Manoel Rabelo. Nem civil, nem paulista, celebrizava-se por decretos excêntricos como, por exemplo, o que obrigava os Prefeitos a comparecer aos velórios e funerais de indigentes.

Com todas essas ocorrências, os ânimos mais se exaltavam e os comícios tornavam-se inflamados e frequentes. Aconteciam todas as tardes nos largos São Francisco, Sé, Patriarca e República.

Foi notório o de 25 de janeiro, na Praça da Sé, em que todo o centro da cidade foi tomado pelo povo.

A multidão aplaudia os oradores e pedia Assembléia Constituinte e Interventor Civil e Paulista.

A resposta ditatorial era, porém, sempre a mesma: cavalaria sobre o povo. A princípio havia correrias e tumultos. Depois passamos a reagir, com feridos de lado a lado.

Em março de 32, o gen. Rabelo, em situação insustentável, foi substituído pelo Embaixador Pedro de Toledo, civil e paulista.

O clima amenizou-se, mas Pedro de Toledo nada conseguia fazer, pois todos os escalões do Governo estavam ocupados por elementos tenentistas que obstruíam suas iniciativas.

No meio desta aparente calma surgiu, na noite de 23 de maio, a mais violenta agressão ditatorial.

Depois de um comício na Praça da República, os estudantes dirigiram-se para a cidade pela rua Barão de Itapetininga. Ao passar em frente à sede da Legião Revolucionária, que defendia aqui em São Paulo as decisões do Ditador, foram traiçoeiramente atacados com fuzis e metralhadoras localizadas no terraço do 2º andar do edifício. Nessa escaramuça houve dezenas de feridos e quatro estudantes morreram no local: Miragaia, Martins, Dráuzio e Camargo, cujas iniciais constituíram um dos símbolos da Revolução: M.M.D.C.

Não podíamos mais recuar. Foi o início das hostilidades que oficialmente se concretizaram na noite de 9 de julho com a revolta nos quartéis do Exército e da Força Pública e a aclamação de Pedro de Toledo como Governador do Estado.

Como vocês vêem, a Revolução Paulista de 32 não foi um movimento separatista, como proclamavam os ditatoriais, mas, como costuma acontecer, a explosão patriótica de um povo oprimido e humilhado.

Relembrando esses acontecimentos e o ambiente hostil e de humilhação criado em São Paulo pela Ditadura, indagamos aos Paulistas de hoje:

O que fariam vocês se tivessem vivido conosco esses vinte meses que precederam a nossa Revolução?

Como soubemos da Revolução. Partida para as trincheiras

Em 1932, eu cursava o 2º ano da Faculdade de Medicina de São Paulo. Morava com meus tios na Rua Sergipe e passava as férias com minha família em Bauru, onde meu pai era Juiz de Direito.

Na noite de 9 de julho, na reunião dançante que todos os sábados havia no Clube Bauruense, soubemos do levante militar em São Paulo.

A notícia foi recebida com o Hino Nacional e palmas, discursos, grande entusiasmo e seguida por uma passeata pelas ruas da cidade para acordar e festejar com os bauruenses o que todos os paulistas esperavam: A Revolução.

Em casa encontrei a mesma euforia. O dia todo só se falou do grande acontecimento. A

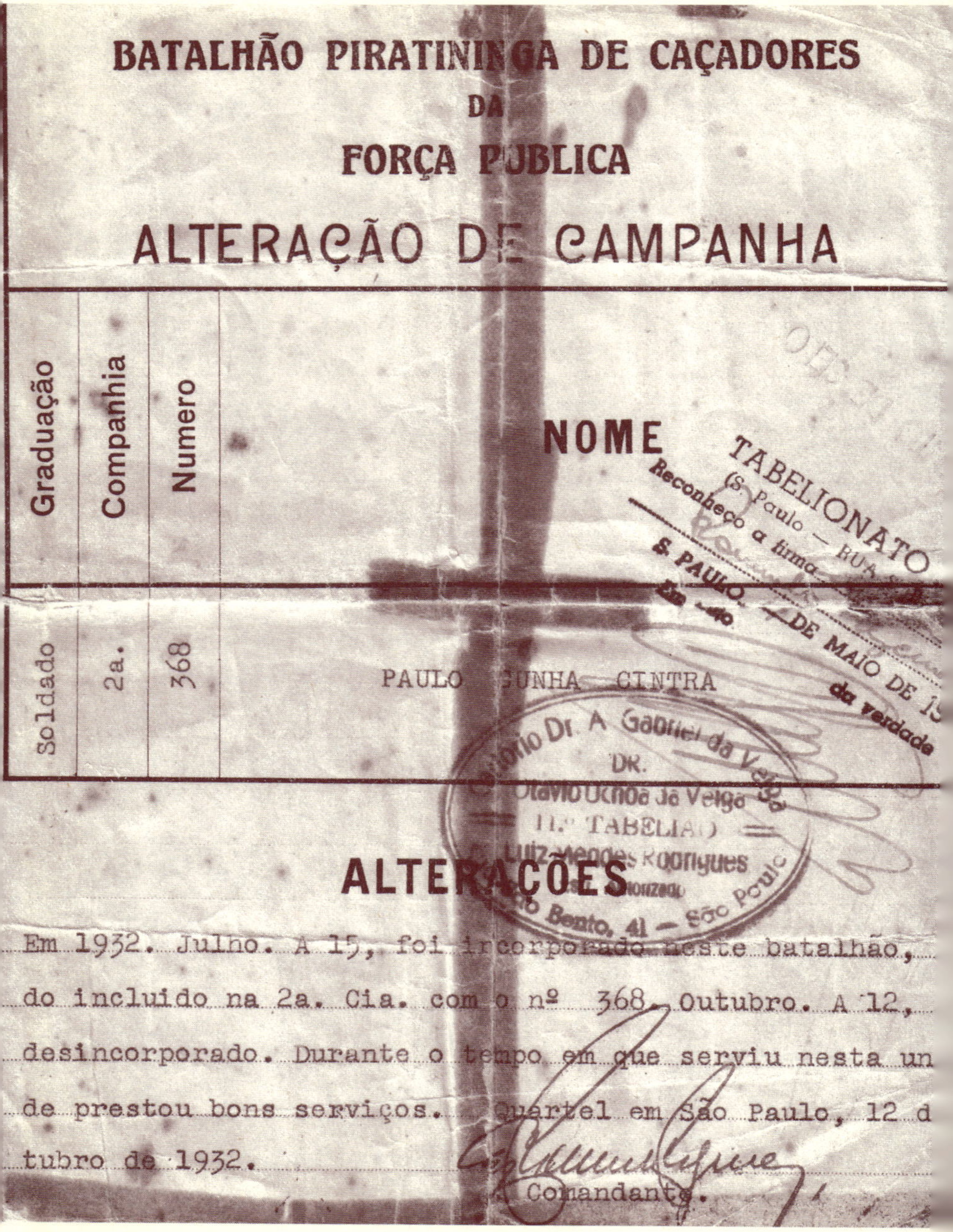

BATALHÃO PIRATININGA DE CAÇADORES
DA
FORÇA PUBLICA

ALTERAÇÃO DE CAMPANHA

Graduação	Companhia	Numero	NOME
Soldado	2a.	368	PAULO CUNHA CINTRA

ALTERAÇÕES

Em 1932. Julho. A 15, foi incorporado neste batalhão,
do incluido na 2a. Cia. com o nº 368. Outubro. A 12,
desincorporado. Durante o tempo em que serviu nesta un
de prestou bons serviços. Quartel em São Paulo, 12 d
tubro de 1932.

Comandante.

Fig. 1

alegria de minha família, porém, durou apenas até o jantar. Na sobremesa contei-lhes o que nosso grupo de estudantes já tinha resolvido: seguiríamos para São Paulo e nos alistaríamos como voluntários num dos batalhões que estavam sendo organizados nas Faculdades. Houve silêncio, somente interrompido por meu pai depois de uns cinco minutos. Em três palavras e sem outros comentários, ele manifestou sua aprovação, perguntando-me:

– Quando irão partir?

Disse-lhe que provavelmente dentro de uns dois dias. Como o silêncio continuasse, para amenizar a notícia e confortá-los um pouco, lembrei-lhes que, sendo estudante de medicina, naturalmente, iria para o corpo médico em algum hospital da retaguarda.

No dia 13 embarcamos na Sorocabana. A despedida em casa foi rápida. Apenas alguns conselhos de minha mãe. Meu pai levou-me até a Estação. Abraçou-me e sem nada dizer, ficou na plataforma, com braços cruzados e um rosto estampado de grande tristeza e preocupação.

Na viagem foi tudo festa. Discursos, aplausos e, em cada cidade que passávamos, o povo, que enchia as estações para acompanhar outros voluntários, presenteava-nos com agasalhos e palavras de fé, ânimo e coragem para os dias de luta. Só conseguimos dormir depois de onze horas, quando deixamos Botucatu.

Amanhecemos em São Paulo. Dirigi-me para a casa dos meus tios na Rua Sergipe. Na entrada encontrei-me com tia Nhanhã e tio Nhô Zico que, quando soube de minha resolução, exclamou:

Fig. 2: Bauruenses incorporados no Batalhão Piratininga de Caçadores da Força Pública 15/07/1932: Luiz Zuiani, Paulo Cintra, (---), (---), Osíris Domingues. Zuiani e Osíris eram também estudantes de Medicina.

– Se fosse mais moço, iria com você.

Dos primos, Tião já estava no Batalhão Piracicabano; Tózinho fazia parte, com amigos, de uma organização para arrecadar alimentos, agasalhos e material bélico; Pedro, irmão da cozinheira, alistara-se na Legião Negra.

Telefonei ao Gino, Savoy, Motta e outros colegas e, à tarde, fomos à Faculdade de Direito, onde estava sendo organizado o Batalhão 14 de Julho. Alguns bauruenses e outros colegas alistaram-se. Eu, Gino, Motta e outros de Bauru fomos procurar a Força Pública na Avenida Tiradentes. Era enorme o número de voluntários que se apresentava. Somente no dia 15 conseguimos nos incorporar. Nesse dia comecei a fazer parte da Força Pública do Estado, como soldado nº 368, da 2ª Cia. do Batalhão Piratininga de Caçadores. (Fig. 1 e 2)

Por ser reservista, passava os dias no quartel, ensinando os recrutas a manejar o fuzil, limpá-lo, carregá-lo, assentar a baioneta e dando-lhes instruções sobre o que fazer nas ordens de atacar, atirar, recuar, prestar auxílio aos feridos, construir trincheiras e como proceder no caso de ser aprisionado.

Num desses dias fui surpreendido com a visita de dois professores da Faculdade. Estavam percorrendo os diversos batalhões para cumprimentar, dar apoio e desejar felicidades aos seus alunos. Logo que eles saíram, uma bomba colocada por algum ditatorial, para nos amedrontar ou desestimular, explodiu no Quartel General da Força Pública, a cem metros de onde estávamos. Foi apenas um grande susto.

Nessa tarde avisaram-nos que partiríamos no dia

seguinte, após um desfile pelo centro da cidade. Fui despedir-me de tio Nhô Zico e ele me disse:

– Amanhã verei você no desfile.

Realmente, quando passamos pela Rua Direita, lá estava ele com um ótimo presente.

– É um poncho para você se agasalhar do frio – disse-me ele bastante emocionado.

Da cidade, onde o povo entusiasmado nos aplaudiu o tempo todo, seguimos para a Estação do Norte e embarcamos para o setor de Cruzeiro. Era uma composição de uns vinte vagões, levando, atrás da máquina, uma gôndola e sobre ela duas metralhadoras pesadas. Logo que saímos, deram-nos um aviso um pouco alarmante: "Se o trem parar subitamente, desçam correndo, afastem-se uns trinta metros e procurem abrigar-se. Estamos sendo ameaçados de um ataque aéreo."

Felizmente, correu tudo bem, fomos aplaudidos nas cidades por onde passamos e chegamos a Pinda ao entardecer. Soubemos aí que nosso destino seria outro. Iríamos para Itajubá, onde estava havendo uma concentração das forças que deveriam chegar ao Vale do Paraíba, via São Bento e Campos do Jordão, para cortar a retaguarda das nossas tropas que combatiam nos setores de Queluz e Túnel. Nosso batalhão, portanto, deveria subir a Mantiqueira rumo à divisa de São Paulo e Minas.

Enquanto esperávamos, no pátio da estação, lugar para pernoitar na cidade, chegou da frente de combate um trem expresso com dois vagões repletos de feridos que iam sendo levados para São Paulo. Foi uma ducha fria, mas não abateu o nosso entusiasmo ver os primeiros companheiros feridos pela causa revolucionária.

Dormimos no Grupo Escolar de Pinda e, na manhã seguinte, partimos para Campos do Jordão, onde o Comando Geral e o Serviço Médico-Hospitalar foram sediados em Abernéssia. Uma parte do Batalhão foi para o setor de São Bento, ameaçado por tropas aquarteladas em Paraisópolis. A outra, da qual eu fazia parte juntamente com Gino, Mottinha, Zuiani e outros estudantes de Bauru, rumou para Itajubá. Éramos uns 80 soldados sob o comando dos Sargentos da Força Pública, promovidos a tenentes.

Em caminhões, partimos ao amanhecer.

Na fronteira com Minas

Atravessamos o Vale do Baú por estradas péssimas e, ao chegar na divisa com Minas, fomos informados que o 12º R. I. (Regimento de Infantaria), sediado naquela cidade, estava para aderir ao nosso movimento. Por isso, recebemos ordens para acampar em uma encosta, ainda do lado de São Paulo e esperar pelo resultado das conversações. Altas horas da noite fomos acordados pelo Tenente Oscar, que comandava o grupo. Avisou-nos um tanto apavorado: "O inimigo vem avançando. Não sabemos se é uma patrulha de reconhecimento ou um esquadrão de cavalaria que pretende nos atacar ao amanhecer. Não devemos abrir fogo. Calem as baionetas, abriguem-se detrás dos cupins ou moitas de folhagem à beira da estrada e esperem ser atacados. É possível que o batismo de fogo se inicie com um combate de armas brancas."

Obedecemos as ordens e, sob um frio de vários graus negativos, que até serviu para dissipar um pouco o medo e acalmar os nervos, esperamos pelo melhor. Felizmente, foi o que aconteceu. Ao clarear o dia, uns vinte ou trinta cavalarianos aproximaram-se até um riacho que ficava a uns cem metros das nossas posições. Desceram, inspecionaram a região, deram água aos animais, descansaram uma meia hora e, sem perceber que estavam sendo observados, retiraram-se tranquilamente. Só mais tarde, semanas depois, é que viemos a saber do que escapamos, do desastre que nos esperava naquele primeiro encontro. Toda a nossa munição estava deteriorada. Não poderíamos ter feito uso dela.

Depois do almoço, soubemos que não fora possível um acordo com o 12º R. I., que mais tropas e artilharia pesada estavam se concentrando em Itajubá e que, sem condições de atacá-los, deveríamos voltar para as proximidades de Campos do Jordão, entrincheirarmo-nos em lugar mais estratégico e esperar pelo ataque inimigo.

Entrincheirados no Vale do Baú

O plano traçado foi perfeito. Recuamos para o Vale do Baú (Fig. 3) e, numa encosta, de onde dominávamos, lá embaixo, alguns quilômetros de estrada por onde o inimigo forçosamente deveria vir, derrubamos uma ponte e construímos nossas fortificações.

Eram oito trincheiras, distanciadas uns cinquenta metros umas das outras e cavadas, a muito custo, num terreno pedregoso. Mediam dez metros de extensão, três de largura e um metro e oitenta de profundidade, cobertas com traves de madeira, lonas e, para disfarçar, galhos de árvores que eram substituídos semanalmente. Nossa trincheira ficava ao lado da estrada. Seu acesso, semelhante a um túnel, ia de um matagal próximo até a sua parte posterior. Na frente

Fig. 3: Chegada ao Vale do Baú.

Fig. 4: Disposição estratégica das trincheiras.
"Par ici l'ennemi ne passe pas" (Mário Rocco).
Nem cachorro passou.

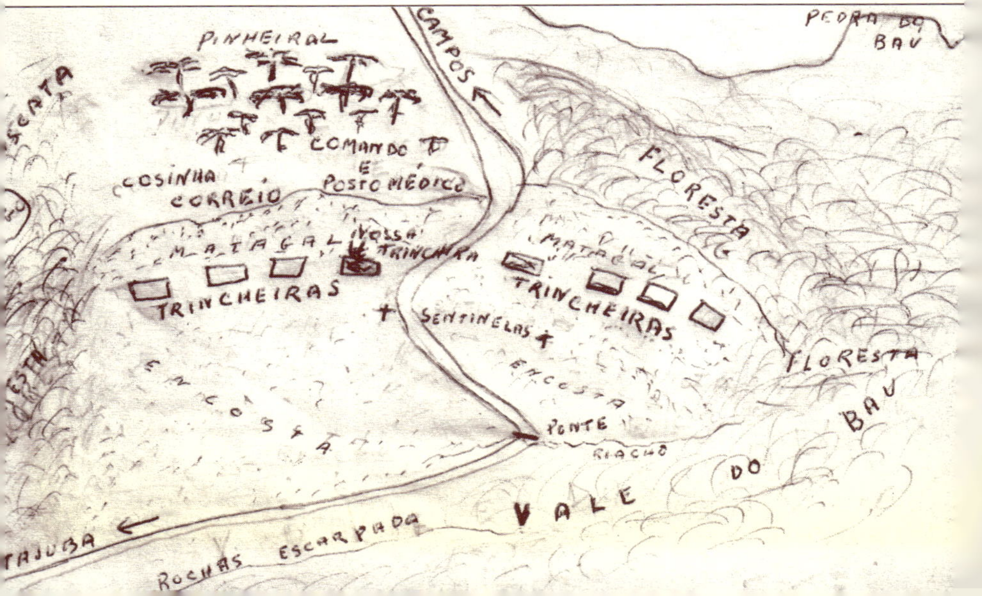

fizemos uma seteira de trinta centímetros de abertura. Por ela podíamos avistar a Pedra do Baú e grande extensão da estrada que conduzia a Itajubá e por onde o inimigo deveria nos atacar. (Fig. 4)

Atrás das fortificações, debaixo de um pinheiral de onde retiramos a vegetação rasteira, instalaram-se o comando do Setor, um serviço de enfermagem, a cozinha, o correio e, bem mais adiante, precaríssimas instalações sanitárias. Os banhos eram tomados numa cachoeira de águas geladíssimas que caiam sobre um pequeno lago, distante uns trezentos metros.

O Comando do Batalhão, setores do Vale do Baú e de São Bento e o serviço médico e hospitalar foram sediados em Campos do Jordão.

Dias depois de nos fortificarmos, os ditatoriais aproximaram-se e, ou ignorando nosso fraquíssimo material bélico ou pelas dificuldades topográficas e péssimas estradas, resolveram retirar-se para a fronteira de Minas. (Fig. 5)

Por ordens superiores vindas da retaguarda, fomos experimentar nossa munição. Houve uma desagradável e preocupante surpresa. Toda munição que possuíamos, balas ogivais 1912, só eram detonadas pelas metralhadoras pesadas. Os fuzis e FMs (fuzil-metralhadora) não conseguiam picotá-las. Estivemos frente à frente com o inimigo em Itajubá, como já lhes contei, e agora entrincheirados à sua espera, sem nenhuma munição. Essa agonia, felizmente, durou pouco. Dias depois, recebemos munição apropriada e capacetes de aço.

Fig. 5: Ao fundo, nossa trincheira. Seteira com visão panorámica.
Na frente, escavação para sentinela.
Em pé: Hugo Longo e Cintra. Sentados: Rubião, Rocco, Carlito, Edmundo, Itagiba e Massara.

Fig. 6: Abrigos antes da construção das trincheiras.
Em pé: Ten. Oscar e Cintra. Sentados: Hugo, Edmundo, Carlito, Itagiba e Rubião.

A vida nas trincheiras

Nessa linha de frente, esperando os mineiros e impedindo que eles atravessassem a Mantiqueira e chegassem ao Vale do Paraíba, passamos os dois meses e meio da revolução. Período aparentemente calmo mas muito preocupante e com fatos imprevisíveis que merecem ser relembrados.

Ao chegarmos ao Vale do Baú, enquanto construíamos as fortificações, ficamos em barracas de lona, erguidas num matagal ao lado da estrada. Depois passamos para as trincheiras mais seguras e com mais conforto.

As noites, porém, continuaram sempre muito desagradáveis. Além do frio intenso, das sentinelas de duas horas, dormíamos sobre estrados de madeira com mochilas substituindo os travesseiros e, obrigatoria-

Fig. 7: Cap. Rómulo Rezende (o ultimo em pé a direita) e seus auxiliares inspecionando uma das trincheiras.

mente, fardados e de botas, diante da possibilidade de uma emergência.

Durante o dia, quando as informações das patrulhas e sentinelas eram favoráveis, caminhávamos pela retaguarda ou íamos conversar com os companheiros de outras trincheiras.

O Comando Geral, sob orientação do Capitão Rómulo Rezende, fazia, regularmente, ou quando havia informações de movimentos das tropas inimigas, inspeção geral das linhas de frente. (Fig. 7)

Eram revisadas todas as trincheiras, verificando suas condições de segurança e sanidade e vistoriados os armamentos e munições.

Tinham a finalidade de avaliar os nossos meios de

defesa e colocar-nos a par das ocorrências nas outras frentes de combate.

Nessas ocasiões eram também feitos exames médicos pelo corpo clínico sempre presente.

Estas inspeções mantinham elevado nosso ânimo, pois davam-nos a impressão de que estávamos bem resguardados e que dispúnhamos de boa orientação militar.

Semanalmente, depois de uma faxina geral, fazíamos exercícios militares orientados pelo ten. Oscar. (Fig. 8 e 9)

As refeições eram servidas na cozinha e o invariável menu ou melhor, rancho, compunha-se de arroz, feijão, carne seca e pão, que nem sempre podia chegar de Campos do Jordão. Por duas vezes, o rancho foi melhorado. Numa caçamos um cabrito, que nos deu ótimo assado, e noutra, fizemos um doce de figo e chuchu.

O frio muito nos aborreceu, chegando a graus negativos quase todas as noites. As sentinelas de madrugada eram horríveis. Valeu-me o poncho, presente de tio Nhô Zico. Muitas vezes ao levantar-me, quando de plantão, ele era uma peça inteiriça de gelo.

Em meados de agosto, ao lado do frio, vieram as chuvas e o nevoeiro que impedia a visão a mais de cinquenta metros. Deixaram-nos, porém, um pouco mais tranquilos. Impossibilitavam qualquer manobra ofensiva do inimigo.

Esse mau tempo trouxe-nos ainda outros transtornos.

Uma vez ficamos isolados de Campos do Jordão e, por escassez de alimentos, fizemos um jejum forçado de alguns dias.

Outras vezes nos abrigávamos dentro da trincheira e ouvíamos as façanhas do ten. Oscar, gabando-se

Fig. 8: Dia de faxina.

Fig. 9: Exercícios semanais: ataque simulado.

sempre de ser um enérgico comandante. Chegou mesmo a ameaçar-nos dizendo: "Se na hora de avançar um dos meus comandados não me obedecer e quiser recuar ou fugir eu o liquidarei com este 38" e mostrou-nos seu potente revolver.

O Mário Rocco, sempre espirituoso, cochichou-nos: "Nessa hora duvido que ele encontre o revólver". O mais difícil foi rir disfarçadamente.

Em uma rara manhã de sol, apareceu sobre o Vale do Baú um 'vermelhinho' (eram assim chamados os aviões da Ditadura que nos bombardeavam). Deu alguns vôos rasantes sobre as trincheiras mas não atirou em nós nem nos bombardeou. Foi apenas um reconhecimento aéreo para possível ofensiva. Espalhamo-nos pelo matagal por uns quinze minutos e experimentamos uma sensação horrível. Sem qualquer possibilidade de uma ação defensiva, ficamos expostos a um fuzilamento.

Tínhamos, também, horas agradáveis e ocorrências divertidas.

Aos sábados, em geral, chegava o correio. Eram cartas que matavam a saudade e traziam boas notícias, agasalhos e palavras de conforto para nossos sofrimentos. Também levavam para nossas famílias informações de que estávamos bem.

Numa noite o Mário Rocco foi o grande comediante. Ele estava de sentinela. Repentinamente, de dentro da trincheira ouvimos os seus gritos:

– Quem vem lá? Pare e avance a senha.

Alguns minutos de silêncio e ele novamente gritou:

– Pare, senão eu atiro.

Mais uns segundos e um tiro de fuzil rompeu o silêncio da noite.

Levantamo-nos e saímos da trincheira. No meio da estrada estava o Rocco gritando:

– Ele não parou. Vinha abaixado pelo barranco e, ao descer, eu atirei e acertei. Está ali caído. Vinha sozinho.

Quando chegamos perto do vulto inerte, constatamos que era um enorme cachorro com a cabeça esfacelada pelo certeiro tiro.

Passado o susto, o Rocco foi muito cumprimentado pelo eficiente trabalho de sentinela: estava atento e possuía ótima pontaria.

A gozação começou no dia seguinte e durou muito tempo. Chegou-se a comentar que, quando o Mário Rocco foi a uma consulta médica em Campos do Jordão, todos os cachorros da cidade fugiram para São Bento e Pinda.

Em outra tarde, fui eu o patrulheiro mal sucedido.

Escolheram-me para um reconhecimento além da linha de frente. Deram-me um burrinho e ordens para andar alguns quilômetros e deixar o animal num capão de mato. Daí, deveria seguir a pé para observar a que distância estavam os mineiros e, se possível, avaliar o seu potencial bélico.

Disse-lhes que preferia ir a pé, porque não sabia andar a cavalo, mas minha proposta foi recusada. Troquei o fuzil por um revólver e montei no burrico. Ele não andava nem depois de algumas chicotadas. Disseram-me, então, para cutucar-lhe a barriga com as minhas botas. Na primeira chuchada ele disparou pela estrada e, alguns metros adiante, eu já tinha perdido a rédea e estava agarrado ao pescoço do animal. Assim percorremos uns cem metros. Na primeira curva havia um 'mata-burros' e aí ele estancou. Saí por cima de sua cabeça e, enquanto eu me espatifava no chão, o burrinho disparava pelo mato arrastando-me, pois ficara com um pé preso no estribo. Até hoje não sei e ninguém soube me explicar como consegui desenroscá-lo. Fiquei machucado, cheio de arranhões mas, graças a Deus, sem fraturas, nem traumatismo craniano. Fui socorrido, levado para a trincheira e fiquei três dias em repouso. O reconhecimento foi adiado e o acidente esclarecido. Descobriu-se que o burrinho era inimigo. Era um burrinho mineiro. Comentou-se, também, que o espetáculo fora tristemente divertido.

Num dia de setembro, Gino conseguiu licença para ir a Campos do Jordão. Foi ao Posto de Comando e lá encontrou a solução de um acontecimento que muito nos intrigava, desde que saíramos de Pinda.

Quando nos alistamos na Força Pública, havia no batalhão um voluntário, falante, vivo, mais entusiasmado que os outros, demonstrando ser capaz de atos de bravura e heroísmo. Nos últimos dias de quartel e no desfile de despedida ele se apresentou com uma Bandeira Paulista, envolvendo-a, ora na cabeça, ora como cachecol. Esta atuação tanto nos empolgou que Gino e eu comentamos: "Vamos ficar no seu grupo, pois ele certamente saberá resolver qualquer problema nas horas difíceis". E, assim, ficamos de olho no companheiro destemido.

Na subida para Campos, Gino chamou-me a atenção:

– Olha, Paulo, o nosso amigo está sem a Bandeira

Fig. 10: Saída de patrulhas:
Ten. Oscar, Carlito, Cintra, Itagiba, Rocco, Rubião e Edmundo.

Fig. 11: Motta, Cintra, Itagiba, Edmundo, Rocco, Carlito e Rubião.

Paulista. Certamente é porque a bandeira, em combate, poderá servir de alvo – comentou em seguida um pouco decepcionado.

Na divisão do batalhão em Campos do Jordão perdemos o nosso amigo de vista. Conformamo-nos, aceitando que, certamente, ele teria ido para São Bento.

Nessa tarde, Gino, ao voltar de Campos, muito desapontado, procurou-me.

– Paulo – disse-me – o caso de nosso destemido companheiro que usava a Bandeira Paulista na cabeça está solucionado. Sabe o que lhe aconteceu? Está trabalhando na cozinha do Posto de Comando em Campos do Jordão.

Não houve comentários. Cada um de nós classificou-o como bem entendeu...

Tivemos, ainda, duas ocorrências preocupantes.

Uma ordem para seguirmos imediatamente para São Bento. Estava iminente um ataque dos mineiros concentrados em Paraisópolis. Saímos em caminhões, a toda velocidade para a outra frente. Lá passamos a noite em prontidão e só voltamos pela manhã, quando se concluiu que a notícia de possível ataque tinha sido apenas um boato falso.

Dias depois, nosso sentinela da noite avistou luzes que se moviam ao longo e ao lado da estrada que ia para Itajubá. Pensou-se numa patrulha ou avanço da tropa inimiga e resolveu-se fazer um reconhecimento local. Os companheiros ficaram em estado de alerta e nosso grupo, chefiado pelo ten. Oscar, saiu para investigar o que se passava naquela região.

O caso, felizmente, foi simples. Durante o dia, fizeram uma queimada naquele sítio e, ao anoitecer, o vento soprando os pontos ainda incandescentes, fazia-os brilhar, dando a impressão de luzes que se movimentavam pelo campo, principalmente para quem os via de longe. Exaustos, só regressamos ao amanhecer.

E, assim, fomos vivendo à espera que o inimigo nos atacasse, entre preocupações, sofrimentos, patrulhas além de nossas linhas e cenas divertidas, até a madrugada de 30 de setembro. (Fig. 10 e 11)

Ataque a São Bento. Retirada para Pinda. Aprisionamento de nosso batalhão

Às cinco horas da manhã do dia 30 de setembro, fomos acordados pelo sentinela que, muito assustado, nos avisou: "Estão atacando o setor de São Bento". Corremos para fora da trincheira e pudemos ouvir, perfeitamente, os tiros de artilharia e o repicar dos fuzis e das metralhadoras vindos daquela região. Colocamo-nos em estado de alerta, esperando que também viessem nos atacar. Passaram-se as horas e os bombardeios em São Bento continuavam cada vez mais intensos. Às nove informaram-nos que a situação naquele setor era insustentável pela superioridade bélica do inimigo, que tínhamos recebido ordens de recuar para Pinda e depois para Mogi das Cruzes, pois as posições de Cruzeiro e Cachoeira também estavam perdidas.

Compreendemos que era o começo do fim, que estávamos derrotados e que nossa terra ia ser outra vez invadida e dominada.

Abatidos, voltamos para Campos do Jordão e nos reunimos aos companheiros de São Bento, que tinham sido atacados pelas tropas concentradas em Paraisópolis.

No seu primeiro ataque, apesar do intenso bombardeio de artilharia pesada e o repicar das rajadas de metralhadora em ritmo carnavalesco com fins desmoralizantes, não conseguiram romper nossas linhas de defesa e recuaram para reorganizar-se e refazer as baixas sofridas.

Aproveitando essa trégua e não podendo mais sustentar suas posições, o destacamento retirou-se para Campos.

Descemos, então, a Mantiqueira rumo a Pinda.

Quando lá chegamos, sentimo-nos abandonados.

O comandante do Batalhão e seus auxiliares tinham seguido, ou melhor, fugido para São Paulo, deixando-nos esta humilhante mensagem:

"*Nossa Força Pública assinou armistício com os ditatoriais. Nada temos a temer. Não seremos aprisionados. Uma composição que está para chegar os levará para São Paulo. Esperem no Grupo Escolar.*"

Obedecemos esta última ordem e lá depositamos o material bélico que pudemos trazer conosco. A seguir, Eu, Gino, Rocco e Motta voltamos à Estação em busca de notícias mais detalhadas. Encontramos um trem com inúmeros vagões de carga e de passageiros, repletos de nossos soldados que, acabrunhados, voltavam para São Paulo. Aconselharam-nos a ir com eles, pois nada mais tínhamos a fazer naquela frente e contaram que Guaratinguetá já tinha sido ocupada pelo 3º R. I.. Resolvemos esperar pelo comboio prometido e, quando passamos por um dos últimos carros, presenciamos uma cena simplesmente ridícula. Sentado num dos bancos, com o quepe enterrado até o nariz, pálido e tremendo, ali estava, fugindo, o nosso heróico tenente que, semanas antes, chegara a nos ameaçar de morte se, na hora de um ataque, tentássemos recuar ou desobedecê-lo. Fingiu que não nos conhecia e nós, enojados, também não lhe falamos. Apenas ficamos olhando para ele até que o trem partiu levando o nosso 'herói'.

Dali fomos para o Centro da Cidade e entramos numa pensão para comer alguma coisa. Ainda não tínhamos terminado o almoço quando ouvimos tiros e, na rua, imensa gritaria. Aproximamo-nos de uma janela para verificar o que se passava. Eram cinco ou seis ônibus do Rio, com soldados do 3º R. I. que, atirando para o alto rajadas de FM e tiros de fuzil, blasfemavam e xingavam os Paulistas. Sentindo que estávamos ameaçados, saímos pelas portas do fundo em direção ao Grupo Escolar. De nada adiantou nossa retirada estratégica. Pinda já estava ocupada e alguns quarteirões adiante fomos cercados. Com fuzis e baionetas encostaram-nos numa esquina, revistaram-nos e com o título de Paulistas F...D...P..., escoltaram-nos para o Grupo Escolar, que já estava completamente cercado. Deixaram-nos com o restante do Batalhão e o seguinte aviso: "Aquele que tentar sair daqui será fuzilado". Entramos e fizemos o que todo soldado aprisionado deve fazer: inutilizar seu armamento. Retiramos e jogamos fora os ferrolhos dos fuzis e o pouco de munição que ainda nos restava. Guardei comigo apenas um pente de balas de fuzil e outro de FM. Ainda os tenho como lembrança da Revolução.

À noite, serviram-nos um café e disseram-nos que, pela manhã, viria um comboio especial para nos levar.

O desastre ferroviário perto de Lorena

Às oito horas do dia seguinte, em fila indiana e escoltados por soldados do 3º R. I., fomos conduzidos para a Estação, onde um comboio nos esperava. Nas portas de cada vagão, havia um sentinela com FM e, assim que nos acomodaram, partimos, não para São Paulo, segundo nos prometera nosso comandante mas, como prisioneiros, para o Rio e a Ilha Grande.

Em Guaratinguetá, colocaram, entre nossos carros e a máquina, mais dois vagões de carga e neles se instalaram retirantes das regiões de Cruzeiro e Queluz, que voltavam para suas casas. Meia hora depois seguimos viagem em alta velocidade. Não gostando dos solavancos e inclinações do carro que estava superlotado, pedimos licença aos guar-

Fig. 12, 13 e 14: Acidente ferroviário na chegada de Lorena.

das e, Gino e eu, fomos para o último vagão, bem mais vazio. Assim que nos acomodamos, sentimos uma freada brusca, ranger de rodas e, a seguir, uma fortíssima pancada, que nos atirou no chão. Corremos para uma janela, mas o vagão desequilibrou-se e começou a tombar para esse lado. Voltamos e, após mais uns solavancos, sentimos que o trem tinha parado. Descemos e fomos ver o que acontecera. Numa curva, o nosso trem chocara-se com um expresso que se dirigia para São Paulo, levando oficiais do Exército. As duas máquinas, com a violência da batida, se entrelaçaram, esmagando os maquinistas e foguistas, que tiveram morte instantânea. Os vagões dos retirantes foram arremessados a uns trinta metros da estrada. (Fig. 12, 13 e 14)

Era grande o número de feridos e o pânico era geral. O nosso primeiro carro, onde iniciamos a viagem e depois nos retiramos, tinha saído dos trilhos e batido num barranco lateral. Um dos nossos companheiros, que saltara pela janela, teve uma perna esmagada pelas rodas e, com forte hemorragia, veio a falecer minutos depois. Outros sofreram ferimentos leves, sem importância. Socorridos os feridos, acalmou-se o ambiente.

Fomos, então, levados em fila, marchando e vigiados atentamente pelos guardas, até Lorena, que ficava a alguns quilômetros de onde houvera o acidente.

Atravessamos a cidade sob os olhares constrangidos dos paulistas e as piadas, gracejos e ofensas dos componentes de um Batalhão do Norte, que ocupava a cidade.

No Centro, fizeram-nos sentar na calçada e ali ficamos expostos aos olhares curiosos dos que passavam. Alguns perguntavam-nos de onde éramos.

Logo depois, chegou um grupo de soldados nortistas que, entre piadas ofensivas, resolveu roubar os nossos capacetes de aço.

– Vou mostrar ao meu povo a que ficaram reduzidos os paulistas, disse-nos um deles.

Felizmente não se interessaram ou não viram o meu poncho.

A fuga

Continuávamos ali, esperando novas ordens, quando surgiu um senhor de boa aparência, perguntando a todos se, entre nós, havia algum voluntário de Bauru. Apresentei-me como bauruense e ele me informou que estava a procura de um amigo, Darci Improta. Queria saber se o conhecíamos, se ele pertencia ao nosso batalhão ou se sabíamos para que frente ele tinha ido. Contei-lhe que o conhecia muito, que não estava conosco, que se alistara no Batalhão 14 de Julho e que seguira para o sul, para Itararé, com outros bauruenses. Adiantei-lhe ainda que, pela minha família, tinha tido notícias dele pouco antes de nos retirarmos de Campos do Jordão.

Ele apresentou-se como dentista, morador

muito antigo de Lorena e que já morara uns tempos em Bauru, onde ainda tinha alguns parentes.

Indagando sobre minha pessoa, quis saber, com detalhes, onde fizemos a campanha, como nos aprisionaram, pormenores sobre o acidente ferroviário que sofremos, onde eu estudava e a que família eu pertencia em Bauru. Depois de uns quinze minutos de conversa, fui surpreendido com um convite.

– Pelo que você me contou, ainda está sem almoço, não é verdade?

– Sim, respondi-lhe.

– Pois então vou levá-lo para um lanche em minha casa. Aceita?

Agradeci e ponderei que, como prisioneiro, não poderia afastar-me dali.

Sem rodeios, ele chamou o guarda que nos vigiava e lhe disse:

– Sou Mozart Ferreira Leite, amigo e conselheiro civil do Major ......, comandante desta Praça de Guerra e que todas as noites vai me visitar. Vou levar este seu prisioneiro, meu conterrâneo, para um lanche em minha casa. Virei trazê-lo de volta dentro de duas horas. Está bem?

– Eles só irão para o quartel depois das 8 horas. O Senhor, portanto, tem tempo para satisfazer sua vontade. Pode levá-lo – respondeu o guarda um tanto assustado.

Estonteado com a inesperada e brusca resolução do Mozart, não tive tempo de comentar com os meus companheiros o que sucedera. Saí com ele até sua casa, distante uns cinco quarteirões. Ao chegarmos, fui apresentado à sua esposa, Dª Maria, como estudante de medicina e amigo de seus amigos de Bauru. Era prisioneiro do 3º R.I., mas ele conseguira trazer-me para um lanche, pois até aquela hora eu estava sem almoço. Dª Maria e seus dois filhos, José e Maria José, receberam-me, também, com grande alegria e delicadeza. Prepararam-me um ótimo café com leite, doces e bolos e, conversando, fizeram questão de ouvir, detalhadamente, a minha história de estudante e revolucionário. Para evitar qualquer constrangimento, avisaram-me que eram mineiros mas não aprovavam a atitude do seu Estado em relação aos compromissos assumidos e não cumpridos com a causa de São Paulo. Mozart contou-me, nessa animada conversa, que, além de conhecidos, tinha uma tia que ele muito estimava e que ainda morava em Bauru. Depois de verificarmos que nossos ideais se harmonizavam, Mozart aconselhou-me a ir descansar um pouco no quarto do José, enquanto ele resolvia um problema com Dª Maria. Meia hora depois, fui acordado por ele e convidado a vir para a sala de jantar. Sentamo-nos em torno da mesa, eu um tanto ressabiado. Dª Maria e Mozart entraram logo no assunto.

– Achamos – disseram eles - que você não deve ir preso para o Rio. Já sofreu bastante e não sabemos avaliar o que poderá acontecer-lhe. Embora arriscado e, portanto, só você resolverá, estamos propondo a sua fuga, hoje, ao ser levado para o quartel. À noite, com pouca gente na cidade e os soldados recolhidos nas casernas, será fácil você chegar aqui em casa. Ficará conosco, será apresentado como meu sobrinho, que veio de Belo Horizonte e vai indo para Bauru saber notícias dos parentes. Quando os trens estiverem indo para São Paulo, arranjaremos, com o comandante de Lorena, nosso amigo, um salvo-conduto para você viajar com toda segurança. O que você acha?

Emocionado, agradeci-lhes o auxílio que pretendiam me prestar, mas, dois pontos colocavam em reserva tão delicada proposta. Primeiro, essa conduta, se descoberta, poria em perigo seu conceito entre os militares e a segurança de toda a família. Segundo, eu não temia as consequências de ser novamente aprisionado, pois, já tinha vencido, antes, outros e sérios problemas, porém, não podia abandonar os companheiros de trincheira num momento tão difícil.

Quanto à primeira objeção, disse-me o Mozart:

– Não há o menor risco. Fique tranquilo. Quanto ao segundo ponto, creio que a sua fuga e volta para São Paulo só poderá beneficiar seus companheiros pelas notícias que você levará aos seus familiares, certamente muito preocupados. Converse com eles. Se resolver fugir e vier procurar-nos, teremos mais uns pontos a ajustar. Todas a noites, depois do jantar, o Major Comandante de Lorena e seus oficiais, vêm até aqui para tratarmos de assuntos civis da cidade. Se, na sua chegada, a porta da frente estiver semi-aberta, é porque eles estão conversando na sala de jantar. Entre vagarosa e cuidadosamente pelo corredor. A porta à esquerda, como vou lhe mostrar, dá para o meu consultório, que deixarei de luz apagada. Também estará semi-aberta. Empurre-a, entre, acomode-se perto da porta que dá para a sala de jantar e espere até eles saírem. Isto acontece, em geral, antes das 11 horas. A solução está em suas mãos, Resolva com calma, pesando bem os riscos que poderá correr. Quanto à nossa família, não há razão para preocupar-se. Será grande a satisfação em ajudá-lo.

Pouco depois, levou-me e apresentou-me ao guarda que concedera a licença para eu sair. Para não chamar sua atenção sobre minha pessoa, deixei-o imediatamente.

Ao despedir-me de Mozart, agradeci-lhe o acolhimento que me dera e disse-lhe:

– Amigo Mozart, provavelmente, até logo.

– Estaremos à sua espera – respondeu-me.

Juntei-me aos companheiros e expus-lhes a situação difícil em que me achava.

– Se você estiver disposto a enfrentar o perigo de uma fuga, não há motivo para desistir – disseram eles.

– Estaremos sempre com você. Chegando em São Paulo, avise nossas famílias.

Preocupado, mas resolvido a fugir, esperei as horas passarem. Já era noite, quando recebemos ordem de seguir. Despedi-me dos companheiros e caminhei com eles, esperando a oportunidade desejada. Não demorou. A cidade deserta e poucos militares, apressados, nas ruas. Depois de uns quarteirões, viramos para atravessar uma praça arborizada e com pouca iluminação. Nosso guarda estava uns vinte metros adiante. Ao passarmos por uma árvore enorme, de tronco volumoso, pulei para traz dela, encostei-me e ali fiquei. Os companheiros foram passando, despediam-se, desejandome felicidade. Muitos deles nem notaram que eu tinha ficado. Quando já iam bem distante, puxei o capuz para cobrir uma parte do rosto e segui, aparentando calma, para mais uma nova e audaciosa aventura.

Nesse momento, senti que deixara de ser um prisioneiro humilhado. Estava novamente em liberdade.

Cruzei com alguns soldados e civis, não fui importunado e, em poucos minutos, cheguei à casa do Mozart. A porta estava entreaberta, conforme combinamos, e, portanto, deveria tomar todo o cuidado, porque os tais oficiais já deveriam estar lá. De fato, ao entrar no corredor, ouvi animada conversa na sala de jantar. A porta do consultório também estava apenas encostada. Empurrei-a e no escuro, com todo o cuidado, tentei atravessar a sala em direção à outra porta. Nesse instante, tropecei num vaso colocado junto à cadeira dentária. O ruído foi grande e ouvi uma das vozes dizer:

– Olha Mozart, parece-me ter alguém no seu consultório. Vamos revistá-lo.

– Não foi nada – respondeu Mozart. – Deve ter sido algum gato que costuma passar por lá.

– Não, Dr. Mozart, a cidade é uma praça de guerra. Junto com as tropas há muitos forasteiros. Não podemos facilitar. Vamos dar uma olhada.

– Tem razão – respondeu-lhe o Mozart. – Por prudência e para ficarmos sossegados, vou ver o que houve.

Levantou-se, abriu a porta da sala para o consultório, empurrou-me atrás dela, acendeu a luz e gritou:

– Não lhes disse? Foi um gato. Saiu pela porta da rua. Até vou fechá-la.

Voltou e a conversa animou-se por mais uma hora. Sentei-me no chão e consegui cochilar um pouco. Depois que eles se retiraram, Dª Maria e Mozart foram buscar-me e nos divertimos a valer com o sucedido.

Uma semana em casa do Mozart

Instalaram-me no quarto do José, onde, depois de três meses, dormi sobre um macio colchão. Pela manhã já me levantei como um civil. Serviram-me bem as roupas, sapatos e gravatas do Mozart e do José. Depois do café saímos para um passeio. Mozart era, realmente, muito conhecido e fazia questão de me apresentar a todos.

– É meu sobrinho. Estuda em Belo Horizonte e vai a Bauru visitar e saber como vão nossos parentes.

Na hora do almoço já me considerava da família e, à noite, fui apresentado aos seus amigos militares.

Houve nesse encontro momentos embaraçosos e de grande tensão. Um dos oficiais, ao saber que eu estudava em Belo Horizonte, entusiasmado, aproximou-se dizendo-me:

– Satisfação em saber que você estuda em Belo Horizonte. Nasci, estudei e lá fui criado. O que me conta de minha terra? Tem ido aos cinemas? Que tal os restaurantes, cafés e choperias? Não é realmente uma bela cidade?

Apesar dessa inesperada saraivada de perguntas sobre um lugar que eu não conhecia, consegui sair-me bem.

– Parabéns – respondi-lhe. – É realmente uma bonita Capital com um povo agradável. Infelizmente ainda não a conheço. Estou lá há apenas alguns meses e moro junto à Faculdade, onde passo o dia em aulas, laboratórios e enfermarias. À noite estudo com outros colegas.

Ia arranjar mais umas desculpas, mas o Mozart, sentindo minha difícil situação, entrou na conversa, falou dos lugares que conhecia e desviou o assunto.

Pouco depois desculparam-se por sair mais cedo pois precisavam providenciar o embarque de um batalhão de paulistas que fora aprisionado em Pinda.

– Irão para Itatiaia onde haverá uma seleção. Os de curso superior e os mais politizados seguirão para o Rio e Ilha Grande. Os outros, acalmada a crise, voltarão aos poucos para São Paulo.

Depois que saíram não houve comentários sobre as declarações do major. Apenas risadas pelo inoportuno acontecimento sobre Belo Horizonte.

Passei uma semana em Lorena no meio de atenções e delicadezas dos amigos. Somente não me agradavam as visitas dos oficiais. Receoso de possíveis complicações, ia dormir mais cedo ou saía pela cidade com o José.

Numa dessas vezes, quando voltamos, o Mozart deu-me uma boa notícia. Os trens para São Paulo começariam a correr no dia seguinte. Poderia ir buscar o meu salvo-conduto no quartel. Fomos muito bem recebidos pelo comandante que me desejou uma boa viagem, que encontrasse meus tios e toda família com saúde e que eles nada tivessem sofrido durante a guerra.

Depois do almoço, deixei a minha 'matula de soldado' guardada com Dª Maria. Mozart deu-me o endereço de sua tia em Bauru e, gentilmente, fez questão de entregar-me mais algum dinheiro para as passagens, pois os bônus de São Paulo não tinham mais valor. Despedimo-nos muito emocionados com as surpresas e acontecimentos daqueles dias, e, horas depois, embarquei para São Paulo.

Regresso a Bauru

Um imprevisto, que quase complicou a minha vida, esperava-me no primeiro trecho da viagem. O vagão estava quase vazio. Umas trinta ou quarenta pessoas. Sentei-me junto a uma janela no meio do carro. Não cumprimentei nem falei com ninguém. Antes da partida, dois soldados armados percorreram todo o trem examinando os salvo-condutos. Revistaram, também, as bagagens. Tudo certo comigo até Guaratinguetá. Aí entraram uns dez soldados de um Batalhão do Norte e se acomodaram em alguns bancos na minha frente. Eram chefiados por um sargento mal encarado que, logo ao sentar-se, cismou com minha aparência. Olhava-me, comentava com os outros a meu respeito, chegando, algumas vezes, a apontar-me com o dedo.

Eu observava tudo e, fingindo nada perceber do que se passava, ia simulando que apenas olhava a paisagem. Quando o tenente, que revia os documentos, entrou em nosso vagão, ele o chamou, conversou uns minutos e apontou-me. Preocupado, mas calmo, esperei pelo tenente. Pediu-me o salvo conduto, examinou-o e, para meu sossego, desejou-me boa viagem. O sargento pareceu-me mais mal humorado e continuou a encarar-me.

O drama durou até Tremembé, onde, por uma cláusula do armistício assinado, as tropas de outros Estados não deveriam avançar mais. Daí até São Paulo o comando seria da Força Pública. Nessa Estação, o sargento, não satisfeito, desceu, foi procurar outro tenente e com ele veio pela plataforma até a minha janela. Mostrava-me, apontava-me e discutia com o oficial que, depois de alguns minutos, retirou-se sem tomar conhecimento das acusações. Ele ainda ficou por ali me olhando até o trem partir. Nesse momento, abaixei-me no banco para evitar uma possível agressão armada e, só aí, respirei sossegado.

Ouvi então um grito que vinha do fundo do carro:

– Eh paulista, quase que te pegam!

Outros também se levantaram e vieram abraçar-me e dizer-me:

– Você não iria sozinho. "O pau iria cantar aqui de novo."

Eram quase todos soldados de outros Batalhões que lutaram em Queluz, Túnel e Cruzeiro, fugitivos que, como eu, voltavam para casa. Foi uma verdadeira farra. Estávamos livres e, sem dúvidas, chegaríamos a São Paulo.

Sem outros contratempos, descemos na Estação do Norte pelas 22 horas e dirigi-me para a Rua Sergipe. Estavam todos em Piracaia. De madrugada consegui um telefonema para meu pai. Avisei-o que iria no dia seguinte. Dei notícias às famílias de todos os companheiros de trincheira e, às 18 horas daquela tarde, embarquei pela Paulista.

Fui revistado e mostrei meu salvo-conduto na Estação da Luz e em Campinas. Nesta ocasião, ouvi um guarda comentar, enquanto revistava minha maleta:

– Este é um dos estudantes das trincheiras. Mas com este documento nada podemos fazer.

Cheguei a Bauru ao amanhecer. Desci na primeira estação e, sem ser notado, fui até nossa casa. Houve, entre abraços, um grande alvoroço e a narração do que me aconteceu foi cheia de cenas emocionantes, que culminaram quando lhes contei o auxílio do Mozart e família. Minha mãe transformou-se. Ficou pálida, quase sem poder falar e, chorando muito, contou-nos o motivo de sua emoção.

Havia uma senhora idosa que morava nas vizinhanças e, quase todos os dias, a procurava para pedir conselhos e expor problemas pessoais, numa conversa cacete e muito longa. Visitada nessa ocasião por um capuchinho de Penápolis, pediu-lhe uma solução para este aborrecimento, pois, quase já não o aguentava. O frade pensou um pouco e lhe respondeu:

– Dª Antonieta, continue tendo paciência e ajudando esta pobre mulher, para que alguém também possa ajudar seu filho que está na revolução.

Não é possível qualquer comentário sobre esta finalização de minha campanha revolucionária, principalmente sabendo-se que essa senhora era tia do Mozart que em Lorena, como lhes contei, encontrou-me casualmente, idealizou e acobertou a minha fuga incorporando-me à sua família.

Fig. 15: Cajado (o 2° sentado da direita para a esquerda)
Fugiu em Pinda e depois foi morto numa discussão com ditatoriais.

Volta para São Paulo

No dia seguinte fui visitar os parentes do Mozart e as famílias dos bauruenses presos com nosso Batalhão. Narrei-lhes o sucedido, disse-lhes que estavam bem e que logo seriam libertados.

Fiquei uma semana em Bauru. Não suportava ver a cidade ocupada pelos meus inimigos. Conhecido como ex-combatente, não saía de casa com receio de algum incidente.

Voltei, então, para São Paulo. Foi muito boa esta resolução. Vim a saber, mais tarde, que nosso companheiro Cajado, que fugira em Pinda quando descemos e se escondera na cidade, fora provocado por uns soldados nortistas, entrara em conflito com eles e fora assassinado. (Fig. 15)

Os aprisionados comigo em Pinda não tinham sido libertados. Chegaram aos poucos e confirmaram o que o comandante de Lorena nos dissera. Foram para Itatiaia e lá interrogados e selecionados. Muitos seguiram para o Rio, inclusive meu amigo Mário Rocco, e os outros voltaram, aos poucos para São Paulo.

Antes do início das aulas, com o tráfego ferroviário restabelecido, voltei a Lorena. Foi uma festa, uma satisfação muito grande, passar dois dias com os amigos que, desprendidamente, tanto me ajudaram. Levei-lhes uma carta de meu pai e um presente para Maria José. Mozart deu-me, como lembrança das peripécias de minha fuga, uma cápsula de canhão, com o nome e a data de nossa guerra. Guardo-a, até hoje, como significativa lembrança dos dias em que me acolheram.

Comentários relacionados à vida de combatente

Depois da narração desta história, os netos, com certeza, irão perguntar-me:

– Por que os Paulistas perderam a revolução?

– O que você lucrou indo para as trincheiras?

– Quem é o Mozart de quem você tanto falou?

Fomos derrotados, meus netos, por várias razões.

O despreparo de nosso sub-comando e de nossas tropas foi uma delas. Sargentos da Força Pública, muitos sem condições morais nem conhecimentos bélicos, foram promovidos a postos superiores e voluntários, que constituíam boa parte do nosso exército, mal conheciam um fuzil.

Outra causa foi a inferioridade em armas e munições.

Não possuíamos marinha, nem aviação, que poderiam ter desbloqueado o porto de Santos, possibilitando a chegada de novos armamentos. No setor onde estávamos, importante por cobrir o flanco esquerdo do Vale do Paraíba, não havia uma só peça de artilharia e a munição, que no início nos forneceram, era imprópria para fuzis e FMs. Em algumas frentes chegou-se ao uso de matracas dentro das trincheiras para simular metralhadoras. Somente levamos vantagem em artifícios bélicos quando o trem blindado entrou em ação no setor sul, nas proximidades de Buri.

Além disso, e muito importante, outros Estados faltaram aos compromissos conosco acertados durante a preparação das hostilidades.

Ficamos sozinhos. Fomos cercados e atacados por mais de cem mil homens do Exército Ditatorial, composto por tropas regulares vindas de todos os Estados, pela Marinha e pela Aeronáutica. Com apenas trinta e cinco mil combatentes lutamos durante quase três meses. Foi uma luta sangrenta, considerada o maior conflito militar no país neste século. Segundo dados oficiais, morreram mais de 600 soldados constitucionalistas, dos quais 350 eram voluntários.

A grandeza dos feitos guerreiros dos Paulistas, seu heroísmo, coragem e sofrimentos são traduzidos no emocionante poema de Guilherme de Almeida: *Oração ante a última trincheira.* (ver pag. 73)

Mas não foi inútil o nosso sacrifício. Embora tenhamos sofrido uma derrota militar, o ideal pelo qual lutamos, 'Constitucionalização do País e autonomia governamental de São Paulo', em pouco tempo foi alcançado.

Em maio de 33, foi eleita a Assembléia Nacional Constituinte e, em agosto, foi nomeado para São Paulo um Interventor civil e paulista: Armando Salles de Oliveira.

A 16 de julho de 1934, dois anos depois de nosso movimento revolucionário, foi promulgada a nova Constituição Brasileira. Pudemos eleger nosso Governador e nos livrar do tenentismo que nos oprimia.

Sem a Revolução de 32 estes acontecimentos não teriam ocorrido e a Ditadura Militar continuaria no poder como era seu desejo e que veio concretizar-se no golpe de 1937 com a implantação do Estado Novo, ditadura nazi-fascista que só terminou em 1945 com a deposição do Ditador.

Perguntam-me se lucrei por ter ido para a revolução lutando nas trincheiras.

Muito, meus netos. De Bauru, quando parti para as linhas de frente era um jovem que, nos seus vinte anos, mal conhecia a vida. Depois de três meses, voltei um ex-combatente amadurecido e experiente. Nesse curto período aprendi a vencer sofrimentos e humilhações, enfrentei perigos e várias vezes senti que minha vida estava ameaçada. Dominei o medo, resolvi os momentos difíceis e tive calma e coragem para fugir depois de aprisionado, desafiando as ameaças do inimigo. Passei fome, sede, frio e fiquei conhecendo, com exemplos, a diversidade do caráter humano. Convivi nas trincheiras com oficiais e soldados e fora delas com muitos civis. Encontrei pessoas honestas, altruístas e corajosas, ao lado de indivíduos falsos, covardes e malandros.

Analisando todas essas ocorrências, posso dizer-lhes

que a guerra me foi muito útil. Preparar-me para futuras adversidades, fazendo com que todas as preocupações e problemas que me surgiram na vida fossem insignificantes comparados aos que enfrentei nos três meses que passei na revolução.

Quem é o Mozart de quem tanto lhes falei?

Mozart Leite, muito citado em minha história, era um mineiro, parece-me que de Itajubá, radicado há mais de vinte anos em Lorena, onde exercia a profissão de dentista.

Por ocasião da tomada de Lorena, pelas suas qualidades, tornou-se um intermediário entre as tropas ocupantes e o povo paulista daquela região. Daí as reuniões diárias depois do jantar em sua residência e a boa vontade que havia entre eles.

Sua atitude para comigo foi excepcional. Mesmo correndo risco de sérios problemas com os militares, recebeu-me em sua casa, auxiliou-me moral e financeiramente e providenciou o salvo-conduto decisivo na volta para minha família. Sensibiliza-me, ainda mais, o fato de durante todos os anos de nossa convivência e amizade, ele nunca ter comentado os acontecimentos daquela semana e dito uma palavra de auto-elogio ou engrandecimento pela ajuda que me prestara.

É por isso que, sempre, ao fazer comentários à Revolução de 32, o nome do meu amigo Mozart será lembrado inúmeras vezes.

Eis aqui, meus netos, como vocês me pediram, a história de seu avô como soldado da Revolução Paulista de 32. Tudo que fiz, tudo que me fizeram.

Agradeço-lhes a sugestão. Escrevendo-a, consegui

reviver esses três meses tão marcantes em minha vida e transformar a angústia pelos sofrimentos passados em satisfação por ter conseguido vencê-los.

Finalizando quero deixar-lhes um pedido: Contem esta história aos meus bisnetos.

Outubro de 2000

Oração ante a última trincheira

Guilherme de Almeida

Agora, é o silêncio.
E é o silêncio que faz a última chamada
E é o silêncio que responde: "Presente!"
Depois, será a grande asa tutelar de São Paulo
– asa que é dia e noite e sangue e estrela e
mapa – descendo, petrificada, sobre um sono
que é vigília.
E aqui ficareis, Heróis-Mártires, plantados,
firmes, para sempre,
neste santificado torrão de chão paulista.
Para receber-vos, feriu-se ela da máxima de
entre as únicas feridas,
na terra, que nunca se cicatrizam,
porque delas uma imensa coisa emerge e
impõe-se, que as eternizam.
Só para o alicerce, a lavra, a sepultura e a
trincheira se tem o direito de ferir a terra.

E, mais legítima que a ferida do alicerce, que se eterniza na casa, a dar teto para o amor, a família, a honra, a paz;
mais legítima que a ferida da lavra, que se eterniza na árvore, a dar lenho para o leito, a mesa, o cabo da enxada, a coronha do fuzil;
mais legítima que a ferida da sepultura, que se eterniza no mármore, a dar imagem para a saudade, consolo, a bênção, a inspiração;
mais legítima que essas feridas é a ferida da trincheira, que se eterniza na Pátria,
a dar toda a pura razão de ser da casa, da árvore e do mármore.
Este cavado trapo de terra – corpo místico de São Paulo, em que ora existis, consubstanciados – mais que corte de alicerce, sulco de lavra,
cova de sepultura, é rasgão de trincheira.
É esta, perene, que povoais, é a nossa última trincheira.
Esta é a trincheira que não se rendeu:
a que deu à terra o seu suor,
a que deu à terra a sua lágrima,
a que deu à terra o seu sangue!
Esta é a trincheira que não se rendeu:
a que é nossa bandeira gravada no chão
pelo branco do nosso Ideal,
pelo negro do nosso Luto,
pelo vermelho do nosso Coração!
a que, atenta, nos vigia;
a que, invicta, nos defende:
a que, eterna, nos glorifica!
Esta é a trincheira que não se rendeu:
a que não transigiu,

a que não esqueceu,
a que não perdoou!
Esta é a trincheira que não se rendeu:
a que a vossa presença, que é relíquia,
transfigura e consagra num altar
para o vôo até Deus da nossa Fé!
E, pois, ante este altar, de joelhos
a vós rogamos:
– Soldados santos de 32,
sem armas em vossos ombros, velai por nós;
sem balas na cartucheira, velai por nós;
sem pão em vosso bornal, velai por nós;
sem água em vosso cantil, velai por nós;
sem galões de ouro no braço, velai por nós;
sem medalhas sobre o cáqui, velai por nós;
sem mancha no pensamento, velai por nós;
sem medo no coração, velai por nós;
sem sangue já pelas veias, velai por nós;
sem lágrimas ainda nos olhos, velai por nós;
sem sopro mais entre os lábios, velai por nós;
sem nada a não ser vós mesmos, velai por nós;
sem nada senão São Paulo, velai por nós!

Pós-escrito

Relendo a narração de minha história, notei que o nome do Ditador não fora citado uma vez sequer.

Como este fato, observado também por revisores, foi absolutamente involuntário, resolvi pesquisar a sua causa e conclui:

Meu subconsciente seguira o conhecido aforisma: "Aos inimigos, nosso desprezo".

Bibliografia

1 Clarissa Pinkola Estés, *O Dom da História*, Rio de Janeiro, 1998.
2 Daniel H. Ribeiro, *A Revolução Disfarçada*, 1930.
3 Folha de São Paulo, *História do Brasil*, Fascículos 14 e 15, pag. 209 a 240, 1997.
4 Holien Gonçalves Bezerra, *O Jogo do Poder - Revolução Paulista de 32*.
5 Luiz Maria Veiga, *A Coluna Prestes*.
6 Menotti Del Picchia, *A Revolução Paulista*.
7 Miguel Reale, *Nove de Julho*, Estado de 21-07-97.

Impresso nas oficinas da
Gráfica Palas Athena